FOYERS DIVERS

DE

SILEX TAILLÉS

EN PÉRIGORD

BORDEAUX. — IMPRIMERIE DE F. DEGRÉTEAU ET Cie
Rue du Pas Saint-Georges, 28.

FOYERS DIVERS

DE

SILEX TAILLÉS

EN PÉRIGORD

PAR

Le Vte Alexis De GOURGUES

Correspondant du Ministère de l'Instruction publique,
Membre de l'Institut des Provinces,
Inspecteur de la Société Française d'Archéologie pour le département de la Dordogne,
Correspondant de l'Académie Impériale des Sciences, Lettres et Arts
de Bordeaux,
de la Société Archéologique du Midi, etc.

PREMIÈRE PARTIE

BORDS DE LA VEZÈRE

BORDEAUX

CHEZ CODERC, DEGRÉTEAU ET POUJOL

(MAISON LAFARGUE)

Rue du Pas Saint-Georges, 28.

Avril 1866

FOYERS DIVERS

DE

SILEX TAILLÉS

EN PÉRIGORD

Le numéro du *Moniteur*, du 20 mars dernier, contient un article *sur les ossements et silex taillés du Périgord* (voir à la fin), où mon nom se trouve incidemment cité dans la phrase suivante :

« Longtemps avant les découvertes de MM. Lartet et Christy, M. de » Gourgues avait recueilli, aux environs de son château de Lanquais, » des silex de la forme dite *racloirs*, qui figurent dans sa précieuse » collection d'armes celtiques. »

Je ne sais à qui attribuer un souvenir aussi bienveillant, mais il en résulterait pour moi une priorité qui doit retourner à ceux à qui elle est due : avant tous, en Périgord, Jouannet, alors professeur à Sarlat, avait découvert et recueilli nos silex, et dès 1820, il avait inséré dans l'Annuaire du département des notices dont les descriptions n'ont pas été dépassées; à Périgueux, M. de Mourcin et Andierne. M. Des Moulins et moi, nous prîmes auprès de Jouannet, qui aimait à causer de ses découvertes, et donnait aussi avec la plus grande générosité, le goût de ses études, que partagea bientôt M. le comte Alexis de Chasteigner dès sa sortie du collége. Celui-ci étendit le cercle de nos investigations, et fut le premier à faire connaître à ses voisins en Touraine ces *livres de beurre* auxquelles, depuis lors, le zèle de nouveaux venus a donné un certain retentissement; mais il est très-vrai de dire que M. Lartet, avec son regrettable ami, M. Christy, et M. le marquis de Vibraye, sont réellement ceux à qui, par leur science en paléontologie, et l'importance des fouilles qu'ils ont fait exécuter, nous devons la révélation des richesses qu'offrent les bords de la Vézère.

L'auteur de l'article que je reproduis plus bas, a principalement en vue de rechercher l'origine des accumulations d'ossements d'animaux ; il les explique d'une manière ingénieuse : est-il dans la vérité en l'attribuant à un procédé particulier de chasse? On pourrait en douter, par suite du fait contenu dans la notice de M. le marquis de Vibraye, intitulée : *Reproduction d'une tête de Mammouth.*

Ce fait est la rareté dans ces stations des os longs des animaux primitifs. « On s'explique la rareté des os longs des grands pachydermes dans » les stations de cet âge, dit-il, par la difficulté du transport. Il me » semble à-peu-près démontré que les aborigènes n'apportaient pas » entiers dans leurs demeures, les animaux qu'ils avaient abattus, » comme le témoigne l'absence presque complète de certains os, tels » que les fémurs et les parties supérieures des canons de renne, les os » longs d'aurochs et de cheval. » (*Annales des Sc. natur.*, 5e sér., t. IV, zool., 1865).

Si à l'aide d'un piége on faisait tomber les animaux auprès du lieu de fabrication, il n'y avait pas de transport à éviter, et les os longs devraient se rencontrer ainsi que les restes plus menus que l'on trouve, dents, cornes, phalanges, etc.

La question pourrait donc rester encore douteuse; doit-on s'en étonner, quand le doute s'étend sur tout ce qui touche à l'âge de pierre?

En prenant la plume, ma première pensée avait été d'adresser au *Moniteur* un simple article de rectification au sujet de l'honneur immérité qui m'était fait; mais le moyen de s'arrêter quand il s'agit de ces silex taillés, objet d'études favorites depuis tant d'années! Puis, ceux qui se trouvent sur la Vezère sont mêlés avec des restes d'animaux de races aujourd'hui éteintes ; or, depuis que la première découverte de ce genre a été faite dans les bancs de la Somme, un trouble singulier s'est emparé des esprits au sujet de ces muets témoins de l'âge préhistorique. La géologie attribue l'existence de ces races exclusivement à la période quaternaire ; on en a conclu que les silex appartenaient aussi à cette même période ; et on a créé pour eux la dénomination de *antédiluviens,* en opposition à celle de *celtiques,* sous lequel sont rangés les silex des temps plus rapprochés de nous.

La conséquence de cette distinction, si elle était admise, serait de soumettre l'histoire aux théories de la géologie, de séparer les antédiluviens des celtiques par une période géologique, c'est-à-dire, par le passage de l'époque quaternaire à l'époque actuelle, intervalle d'une durée que l'on peut rendre indéfinie, et dès-lors l'apparition de l'homme sur la terre remonterait à une antiquité sans limites.

Une déclaration semblable qui a été affirmée, a d'abord surpris par son étrangeté. On s'est vivement préoccupé; de toutes parts des recherches ont été faites, et persévèrent activement au sujet de cette contemporanéité; chaque jour de nouvelles découvertes sont annoncées en France, en Espagne, en Italie, en Syrie, en Amérique, on peut dire à-peu-près partout.

Une divergence profonde s'est donc jetée dans une étude jadis si paisible.

Le plus grand nombre a rejeté cette distinction que l'on veut introduire entre œuvres antédiluviennes et œuvres postdiluviennes ou celtiques; il ne voit dans l'âge de la pierre, comme auparavant, qu'une période continue, indivise dans son existence; âge inconnu sans doute tout entier à l'histoire, mais tout entier postérieur aux révolutions géologiques; étranger donc à l'époque dite quaternaire, et renfermé dans l'époque actuelle et dans les limites de la chronologie universellement reconnue jusqu'ici pour l'ancienneté de l'homme sur la terre. Je suis de ceux-là, et le désir d'exposer les raisons qui, en Périgord, me paraissent confirmer cette vérité, est le motif qui me fait tant allonger le court article que j'avais commencé.

Je disais que, pour certains esprits, la présence des silex et des ossements d'animaux éteints, dans le même milieu, a suffi sans autre témoignage, et ils ont conclu immédiatement pour l'affirmative d'une contemporanéité quaternaire, et par suite, d'une humanité indéfinie pendant les milliers de siècles que l'on voudra, comme M. Lyell, M. Boucher de Perthes, etc.

D'autres, plus prudents, ont voulu une condition plus décisive que la seule présence. Je citerai seulement, à raison de leurs beaux travaux sur les silex du Périgord, deux membres éminents de l'Institut, MM. Lartet et marquis de Vibraye. Pour établir la coexistence, ils ont présenté un fait nouvellement constaté, et qui, à leurs yeux, serait la démonstration de l'existence de l'homme à l'époque où vivaient les races aujourd'hui éteintes en Europe.

M. Lartet s'exprime ainsi dans son mémoire sur l'ancienneté géologique de l'homme, publié en 1860 :

« L'objection que le mélange actuel de silex taillés, dans les bancs » de la Somme, avec des restes d'espèces animales éteintes, ne suffit » pas pour prouver la stricte contemporanéité de l'homme avec les » animaux auxquels ces débris fossiles ont appartenu, est réellement » fondée; car les matériaux entraînés par les courants dans leurs hautes » crues, étant ramassés à des niveaux différents et empruntés à des » couches d'âges très-divers, on ne peut en bonne logique, conclure de » leur association consécutive, ni communanté d'origine, ni synchro- » nisme de préexistence. Tous les doutes disparaîtraient si l'on parvenait » à constater des traces non équivoques d'une action humaine sur les os » même des animaux avec les silex travaillés de main d'homme. »

M. Lartet croit reconnaître ces traces non équivoques « dans des en- » tailles visiblement faites par un instrument tranchant; il décrit ces » sortes de coupures, dont la plupart sont faites avec des outils à tran- » chant rectiligne et assez bien aiguisé; d'autres, obtenues par plusieurs » coups très-énergiques, offrent sur un point une surface d'excision » ondulée et striée comme si elle eût été produite par le biseau flexueux » et finement ébréché de certaines haches simplement taillées comme » celle des bancs diluviens d'Abbeville. Du reste, les diverses entailles » dont il s'agit sont tellement nettes et unies qu'il ne serait plus possible » d'en produire de pareilles sur les mêmes os, dans l'état d'altération » où ils sont aujourd'hui : il semblerait même que des coupures aussi » pénétrantes ne pourraient avoir été faites que sur des os frais et non » dépourvus de leur matière gélatineuse. »

Depuis 1860, M. Lartet et M. de Vibraye ont continué les fouilles sur les bords de la Vezère; au témoignage de simples entailles, ils ont ajouté en 1866 celui d'images de formes animales, gravées au trait, sculptées en relief sur des bois de renne : en 1865, chacun séparément a annoncé une nouvelle découverte; ce sont des plaques d'ivoire portant la reproduction de la figure d'un mammouth; de ce nouveau fait ils ont conclu naturellement à la contemporanéité de l'homme avec le mammouth, comme d'après les gravures sur bois de renne, à la contemporanéité avec le renne, mais ils s'arrêtent à ces faits et ne vont pas au-delà dans la question pendante.

Une seule reflexion relativement à la proposition :

Les entailles et les images au trait sur un ossement remplissent-elles toujours la condition d'être le résultat d'une action humaine contemporaine de la vie de l'animal auquel l'ossement appartenait ? On ne peut avant tout s'empêcher de rapprocher cette affirmation d'un fait public très-récent. Tous ceux qui s'occupent de l'histoire du travail primitif de l'homme, savent ce qui s'est passé, il y a quelques années, dans une ville de France. Deux hommes instruits et zélés pour ce genre de recherches, s'étaient unis pour faire des fouilles dans des cavernes, et publier leurs découvertes. Quand le volume parut, on resta stupéfait devant certaines figures gravées sur bois de renne; ce n'était pas un animal, mammouth ou autre, mais le soleil, la lune, des serpents, des visages humains plus ou moins grossièrement indiqués, et surtout certains caractères que le texte proposait comme une sorte d'inscription en sanscrit.... Beaucoup de bruit se fit autour de cette publication ; les controverses devinrent pénibles ; enfin, les deux associés se séparèrent avec éclat, et devant la Société archéologique du département auquel l'un et l'autre appartenaient, il fut tenu comme constant que la date des inscriptions ne remontait pas à 25,000 ans au moins *avant* J.-C., comme on voulait bien l'annoncer, mais qu'elle serait mieux placée en 1864 *après*.

Qui a tort ou raison, peu importe : l'instructif ici est qu'un corps savant a consacré par cette condamnation, un fait matériellement contraire à l'avis des deux membres de l'Institut. Paris affirme que des incisions nettes ne peuvent être faites que sur un os de renne encore frais : Poitiers affirme qu'elles peuvent être faites sur des os de renne enfouis sous terre depuis plusieurs milliers d'années : il me semble que le débat a eu trop de retentissement pour qu'il passe inaperçu. Je suis loin de dire qu'ici il y ait infirmation de la proposition de M. Lartet, mais je crois que pour qu'elle puisse servir de fondement à une doctrine quelconque, il est bon que l'incident soit jugé et écarté.

Dans mon opinion personnelle, j'accepterais d'autant plus volontiers la présomption proposée que j'y vois un acheminement à la solution de la question. Toute la discussion est en effet dominée par l'observation qui a mis en évidence la perfection, on peut dire, du trait qui a pénétré le bois de renne et l'ivoire, et y a librement tracé des contours. La constatation *du trait*, c'est la constatation *de l'outil*. La question se change donc en celle-ci : à quelle époque de l'âge de pierre se rapportent les outils perfectionnés? Cette considération ne pouvait échapper à l'esprit si judicieux de M. Lartet; aussi, après avoir fait remarquer dans le mémoire précité (1860) « que les entailles sont tellement nettes et unies » qu'elles paraissent avoir été faites avec des outils à tranchant rectiligne », il ajoute en note : « Ceci ferait supposer qu'indépendamment des haches

» simplement dégrossies du diluvium, les hommes de ces temps primi-» tifs étaient aussi possesseurs d'instruments plus parfaits et mieux » appropriés à leurs besoins actuels. »

Faire cette supposition, c'est déjà faire pressentir implicitement que dans le premier âge de la pierre cette distinction que l'on a voulu établir par la nomenclature nouvelle d'antédiluviens et postdiluviens n'aurait pas sa raison d'être. La logique lie nécessairement le trait à l'outil avec lequel il a pu être tracé; or, comme le reconnaît M. Lartet par l'observation précédente, il n'y a pas d'outil apte à ce genre de travail dans ceux qui sont nommés antédiluviens ou quaternaires; ceux-là sont grossiers à l'instar des silex de la Somme; les outils perfectionnés de l'époque postdiluvienne ou celtique sont seuls capables de tracer de telles empreintes. Ainsi les images des rennes et des mammouths sont des pièces de conviction qui établissent la date certaine de la vie des animaux dont on a emprunté les ossements pour y tracer des figures. Ils vivaient au temps des outils de pierre qui ont servi à les représenter, c'est-à-dire que si la race a commencé à l'époque que la géologie appelle quaternaire, elle a pénétré dans le cycle postdiluvien et préhistorique où commence la chronologie certaine de l'homme sur la terre.

Les foyers de silex taillés sur la Vezère ne fournissent pas ce seul témoignage à l'appui de l'affirmation que l'âge de pierre tout entier peut se relier à l'histoire par un lien certain et visible : une étude approfondie des circonstances dans lesquelles ils se présentent, confirme cette vérité et aide à la dégager des nuages dont elle est encore enveloppée.

Comme beaucoup d'autres, j'ai parcouru cette voie d'observation à la suite des remarquables travaux de MM. Lartet, Christy et de Vibraye; mais, pour une plus grande autorité, je me servirai de préférence des descriptions faites par ces chercheurs infatigables auxquels nul détail n'a échappé.

En Périgord, il y a pour les silex taillés deux conditions différentes de gisements : les cavernes sur le bord des rivières et les stations en plein air, disséminées dans toutes les parties de la contrée. Cependant il importe de préciser davantage les termes; les stations *en plein air* ne se trouvent pas seulement dans des champs sur les plateaux, elles sont aussi sur le bord des rivières; et ce sont celles-là seules dont j'ai à m'occuper en négligeant les autres.

Ces stations en plein air, et près des rivières, sont aux abords des cavernes qui renferment des restes de la même industrie; elles en sont comme une dépendance, un développement; ce qui constitue un lien d'analogie entre ces trois sortes d'ateliers du travail primitif, cavernes, stations en plein air dans les champs, stations en plein air sur le bord des rivières, et ce lien est un premier signe qui doit faire présumer que ces industries étaient contemporaines, ou du moins continues (1).

« Outre les dépôts ossifères de l'intérieur des cavernes, dit M. Lartet » (*ibid.* 1864), on peut aussi étudier en Périgord, des accumulations » analogues de débris organiques qui sont adossés aux grands escarpe- » ments des calcaires crétacés de cette contrée, et quelquefois simple- » ment abrités par des saillies de rocher en surplomb.

» Ces dépôts extérieurs abondent également en silex taillés et en osse- » ments concassés d'animaux (cheval, bœuf, bouquetin, chamois, » oiseaux, poissons, etc.), qui ont évidemment servi à l'alimentation » des indigènes, dans cette période reculée. Les restes du cerf commun, » du sanglier et du lièvre sont très-rares. »

M. de Vibraye décrit ainsi le foyer extérieur de Laugerie, commune de Tayac :

« Il occupe une longueur d'environ 850 mètres, divisé en deux sta- » tions principales. Le foyer de Laugerie basse se développe sur une » longueur de 400 mètres, et domine le niveau moyen de la Vezère » d'environ 10 mètres. Sur quelques points ce foyer se montre horizon- » tal, il se contourne, s'incline jusqu'à devenir vertical et s'infiltre sous » les rochers crétacés qui durent dès l'origine lui servir de base. »

M. de Vibraye explique ce contournement par l'action des eaux. « Cette action est évidente par l'examen de la gangue terreuse qui em- » pâte ces débris, et dont les éléments micacés ne peuvent s'expliquer » que par le passage de la Vezère en des temps d'inondation considéra- » ble. Les eaux de la rivière ont dû séjourner longtemps sur les foyers, » comme le témoigne l'accumulation sur plusieurs points, de nombreux » ossements de batraciens, encore engagés dans un limon noirâtre. Si » de nos jours quelques foyers se montrent à la surface du sol, on doit » attribuer cette dénudation à l'intervention de l'homme, qui voulant » utiliser ces abris, dut commencer par enlever la terre et les pierres

(1) Les mêmes faits ont été déjà observés dans beaucoup de lieux. Je citerai entre autres, les découvertes récentes de M. d'Anca, en Sicile, tant en dedans des cavernes que dans les dépôts extérieurs.

» jusqu'au niveau nécessaire à l'appropriation de sa demeure. Sur d'au- » tres points au contraire, on ne saurait atteindre le foyer sans enlever » une couche variant de 0,50 à 3 mètres, composée principalement de » débris de roches crétacées et souvent mêlée de galets roulés, analogues » à ceux qu'on trouve encore aujourd'hui dans la Vezère. C'est au-dessus » de cette couche que s'est rencontrée l'accumulation de batraciens. C'est » dans ces foyers que se trouvent les bois de renne sculptés et les frag- » ments d'ivoire ouvragés. »

J'étais, il y a peu de temps, à Badegoule, où il existe aussi une ouverture de caverne dans la falaise, et à ses pieds une station extérieure Au-dessous des cinq à six blocs de rocher qui soutiennent aujourd'hui l'entrée de la caverne, j'ai reconnu la terrasse de ce même limon ossifère; il y est comme un placage sur la pente très-raide qui forme la rampe gauche du vallon arrosé par le Cern, un des affluents de la Vezère; il est recouvert de 30 à 40 centimètres seulement de sol arable planté en vignes, de sorte que chaque année la pioche l'entame et ramène à la surface des mottes qui, bientôt dissoutes à l'air, répandent dans le sol une prodigieuse quantité de silex taillés, de dents de renne, d'aurochs et d'os longs d'une espèce bovine, qui finissent par être entièrement dégagés de la gangue qui les recouvrait. Plus on descend la rampe du vallon, plus les mottes et les silex sont rares; je puis en dire autant en amont et en aval du point où je fouillais, cependant le sol y est également en culture. Je suis resté trop peu de temps pour vérifier l'importance du foyer. La grotte est sur la ligne de séparation entre le terrain submergé et celui qui n'a pas été atteint par les eaux; car, immédiatement au-dessus de la voûte, le sol change : il n'y a plus ni limon, ni silex *même non taillé*.

Cette ligne est à une prodigieuse hauteur, plus de 80 mètres, au-dessus du niveau actuel du Cern; mais quelle qu'ait été la puissance de ce régime fluvial, l'ouverture et la configuration du vallon sont dues à une précédente eau torrentielle, puisque le limon n'atteint pas la moitié de la hauteur verticale du côteau.

Il est inutile d'entrer dans les particularités qui distinguent les dix cavernes qui, selon M. Lubbock (*Ann. des Sc. nat.*), ont été visitées avec le plus de soin : La Madeleine, Laugerie, les Eyzies, Gorge-d'Enfer, Moustier, Liveyre, Pey-de-Lazé, Combe-Granal et Badegoule. La circonstance essentielle d'un limon ossifère suspendu à la rampe du côteau, à un niveau considérable au-dessus de l'eau actuelle de la

Vezère, s'observe partout également; et, comme c'est ce limon qui est l'objet principal de la présente étude, il en résulte que les considérations suivantes s'appliquent également à toutes ces stations.

« La gangue terreuse qui empâte les débris ne peut s'expliquer que » par le passage de la Vezère à des niveaux supérieurs », dit M. de Vibraye, ce qui est parfaitement juste; mais l'immersion a pu avoir lieu de deux manières différentes, ce qu'il n'examine pas; ses termes même, « le passage de la Vezère à des niveaux supérieurs, *en temps » d'inondation*, » les eaux de la rivière ont dû « *séjourner longtemps » sur les foyers* », annoncent qu'une seule circonstance s'est présentée à son esprit pour que les débris fussent mis dans l'état où on les retrouve, — je veux dire celle d'une crue extraordinaire, d'un débordement de la Vezère qui, une ou plusieurs fois, changeant l'état habituel des choses, a atteint les lieux de fabrique et les a recouverts.

Je ne pense pas qu'il en ait été ainsi, et mon opinion se fonde sur l'état de fraîcheur où sont les débris. Une inondation accidentelle, produisan une surélévation à un niveau moyen de 10 mètres comme à Laugerie, de 35 mètres comme aux Eyzies (Lartet), de 80 mètres environ à Badegoule, doit jeter dans le lit de la rivière un courant torrentiel capable d'entraîner au loin tous les objets qui se trouvent sur son passage. Cette force furieuse chasse et détruit tout devant elle, et c'est ainsi que les parcelles de roches qui la subissent sont brisées ou, selon leur dureté, réduites à l'état de cailloux roulés. Or, aucun des objets retirés du limon, et par conséquent submergé, n'a été roulé : bois de renne ou silex, ont leurs angles et leurs arêtes dans leur vif, et les fragments qui subsistent sont dans l'état où était l'instrument entier en sortant de la main de l'ouvrier. Donc, ils n'ont pas été charriés, entraînés au loin par un courant rapide, et par suite il n'est pas à croire que ce soit après une inondation violente et accidentelle que le limon a été déposé. J'ajoute même qu'il y a toute présomption que les débris sont restés en place, c'est-à-dire qu'ils se trouvent à l'endroit même où ils sont sortis de la main de l'homme. Cette pensée vient naturellement, à l'esprit à la lecture des observations si excellentes faites par M. de Vibraye sur le terrain. Les choses sont restées dans une telle conservation qu'il a pu délimiter les ateliers de fabrique : ainsi, Laugerie, dont l'ensemble est de 850 mètres, se divise en deux foyers, dont l'un n'a que 400 mètres. Comment cette crue extraordinaire n'aurait-elle pas confondu tous les débris, et rejeté les silex au hasard comme dans une traînée continue sur les bords, de manière à ne plus permettre de reconnaître la circonscription primitive où ils étaient renfermés avant l'inondation?

Mais s'il n'y a pas eu d'inondation, comment expliquer la présence de la gangue terreuse?

De deux choses l'une, ou la Vezère, gonflée extraordinairement, a submergé des établissements préexistants, ou les établissements ne se sont formés qu'après la submersion. Je crois avoir apporté des raisons qui rendent peu probable la première présomption. Deux circonstances, d'ailleurs, témoignent qu'il ne s'agit pas ici d'une simple inondation, mais que cette extrême abondance des eaux doit avoir une cause générale à laquelle il est possible de chercher une date. M. Lartet, dans un article sur les silex des cavernes de la Vieille-Castille, et notamment sur celle de Cueva Labrega, à 80 mètres au-dessus du Rio Yregua, émet aussi l'opinion que le débordement des eaux est antérieur à l'habitation de la caverne par les hommes.

« Dans un bon nombre de ces cavernes, à la base des couches meu-
» bles dont nous venons de parler, et immédiatement au-dessus du cal-
» caire jurassique, il existe une assise de limon argilo-sableux micacé.
» Quelquefois on y trouve un lit mince de cailloux roulés, dont la pré-
» sence à cette altitude tendrait à faire admettre *qu'antérieurement à*
» *l'accumulation des cendres*, la rivière, par son élévation bien supé-
» rieure au niveau actuel de ses eaux, avait pu pénétrer dans la cavité
» et y déposer ces lits arénacés. »

Ici, d'abord le régime excessif des eaux est en harmonie avec la présence du mammouth, du renne et de l'ovibos. Ces espèces n'ont pu descendre de leur latitude septentrionale que sous l'influence de l'extension qu'avaient prise les masses glaciaires, et de leur prolongement jusque sur le centre de l'Europe. (Lartet : *Coexist. de l'homme*, etc. 1861.)

Ensuite, il y a une remarquable concordance; un surexhaussement semblable s'observe sur beaucoup de petites rivières, il dépose aussi un limon où se rencontrent les restes des mêmes animaux, et partout ce surexhaussement s'accomplit sous une loi uniforme. Partout cette puissance aquatique a été contenue dans les bornes préexistantes du relief topographique. L'eau, remontant le long des berges, a dépassé quelquefois de petits promontoires s'abaissant dans les vallons; jamais la ligne du sommet des côteaux qui forme le vallon n'est atteinte. Cette loi régulière à laquelle ont été soumis tant de cours d'eau, en France et en Europe, indique une époque différente de celle où une nappe dominatrice, s'étendant à travers toute une contrée, en changeait sans obstacle la configuration : ce qui constitue une révolution géologique. Mais cet excès dans le régime des eaux ne peut être non plus une simple inondation locale; il exige, par son universalité, une cause générale, et aucune n'y répond mieux que la période postglaciaire.

L'invasion des glaces avait été la dernière révolution quaternaire, selon les géologues. La fonte des glaces, leur écoulement en eau fluviatile vient après, et est l'indice d'une transition consommée en une nouvelle période, et nous sommes donc à la période actuelle.

Ce fut sans doute peu après que le limon eut commencé à se déposer sur les pentes des vallées, puisque l'existence du renne et du mammouth nécessitait une température en accord avec l'immersion des basses terres, que les premiers hommes qui ont peuplé la contrée y ont pénétré et y ont fixé leur demeure. Ils ont habité les cavernes, mais aux abords de ces cavernes, là où l'on reconnaît le gisement de stations en plein air, le progrès naturel à toutes sociétés d'hommes les porta à se créer des habitations analogues à celles des établissements lacustres de la Suisse et de l'Italie.

Les demeures ainsi établies, au-dessus de l'eau, les objets de toute nature abandonnés par l'homme tombaient dans le dépôt limoneux sous-jacent, y restaient, et ils s'y retrouvent aujourd'hui

L'observation faite par M. de Vibraye, et rapportée plus haut, confirmerait le fait d'une primitive existence de hauts marécages. Selon sa remarque, les silex taillés étaient enfoncés à une profondeur de 0m 50c à 3m; cette couche supérieure était composée de débris crétacés, et au-dessus encore de cette assise se rencontraient, dans certains points, de nombreux ossements de batraciens encore engagés dans un limon noirâtre. Ainsi, voilà deux couches différentes de dépôts vaseux séparées par un remplissage de débris de roches. C'est ainsi qu'avec des éléments divers et successifs, les marais se solidifient et s'élèvent.

A la distance où nous sommes de cette prédominance de stagnation aquatique, il semble qu'il en était venu quelque faible vestige jusqu'à nous. Un affluent de la Vezère, entre autres, la Béone, qui finit aux Eyzies, coule dans un vallon dont le sol était tellement marécageux en certains points, qu'il pouvait offrir du péril à l'étranger qui n'en connaissait pas les passages.

Si l'on se demande pourquoi ces antiques vestiges ne se sont pas rencontrés sur les berges de la Dordogne, mais principalement sur les bords des cours d'eau secondaires, comme, en Périgord, la Vezère, la Drone, le Cern, il y a peut-être une cause probable de cette préférence. La vallée principale de la Dordogne, réceptacle unique où se concentraient toutes les eaux qui descendaient du plateau central, devait être remplie par un courant tumultueux à travers les débris de rocs qu'elle charriait, et n'aurait pas été sans péril; cette plénitude dans l'artère principale devait élever le niveau de son courant, et ce niveau former comme une sorte de barrage à l'ouverture des vallées latérales. Les eaux affluentes ainsi arrêtées et refoulées par cet obstacle, se ralentirent : l'écoulement devint plus difficile, des amas lacustres s'y formèrent, qui tendirent à devenir des marécages par l'encombrement des dépôts meubles qui descendaient des crêtes supérieures.

Il ne serait donc pas étonnant que les premiers habitants aient choisi pour leur demeure des vallées où l'eau était plus tranquille; là, ils étaient à l'abri des animaux formidables qui vivaient au milieu des forêts qui couvraient alors les terres élevées.

FAITS ANALOGUES, EN DEHORS DU PÉRIGORD.

Une appréciation locale ne peut être isolée. Il faut, pour en contrôler la justesse, la rapprocher des observations faites dans les autres endroits où des faits de même nature se présentent, et si la présomption proposée est également applicable, elle acquiert de ce caractère de généralité un degré considérable de justification.

Il est reconnu que les silex taillés qui se trouvent dans les couches inférieures du sol sont, sauf le cas de sépultures, dont il n'est ici nullement question, groupés en assez grande abondance dans des rayons déterminés. Or, si on étudie la position topographique de ces gisements, on leur reconnaît un caractère uniforme, c'est d'être situés dans des vallées, et particulièrement dans la partie la plus rapprochée du cours d'eau qui occupe le fond de la vallée. M. Louis Lartet fils l'a fait observer, dans une communication qu'il fit à la Société géologique de France, en 1863, au sujet d'un silex taillé trouvé dans le diluvium des environs de Madrid; mais il n'en tire aucune conséquence. « En France, dit-il, » on en a successivement trouvé dans le diluvium *des vallées* de la » Somme, de l'Oise et de la Seine, et tout récemment M. Ramer vient » d'en découvrir dans les vallées de la Jordance et de la Cère, près » d'Aurillac (Cantal). » Le silex qu'il signalait avait été trouvé dans un dépôt « sur le flanc de la vallée du *rio Manzanarès.* »

Je ne multiplierai pas ces citations que chacun peut compléter (1). Qu'indique cette disposition si générale, cette loi, on peut dire, pour l'accumulation des silex ouvrés enfouis sous terre? Absolument ce qu'indiquent les tuiles à rebords, les mosaïques, les statues et assises inférieures de constructions, quand on les trouve sur un même point en creusant le sol. Ces derniers débris sont la révélation d'une station de population antique; les premiers sont les vestiges d'une réunion de population celtique, remontant à l'époque où la Gaule fut primitivement habitée, et la raison pour laquelle des objets de pierre ou de métal sont recueillis sous les eaux au bas des pilotis de la Suisse, et des pals-fites de l'Italie, doit expliquer la présence de pareilles antiquités dans les tourbières, les limons, les sables et argiles de nos vallées. Les barrages naturels que le voisinage des Alpes ou des Apennins présentait pour la retenue de puissantes et profondes eaux, n'existaient pas dans le sol moins tourmenté de la Gaule; aussi, en place de lacs, le pays était couvert en plus grand nombre de marécages que de grands amas d'eau courante.

Ce que César et les anciens historiens nous apprennent à ce sujet, mais d'une manière générale, l'archéologie vient de le confirmer, et nous retrouvons en France, mais en petit, les restes des usages lacustres.

Déjà M. Boucher de Perthes avait signalé, au fond des tourbières de la Somme, des plates-formes en claire-voie, faites de madriers de chêne grossièrement équarris. MM. Gassies et Brouillet avaient mentionné des pieux en chêne fichés perpendiculairement, recouverts par des poutrelles horizontales, enfoncés dans des marécages, les uns sur la rive gauche de la Dordogne à Saint-André-de-Cubzac, et les autres dans le lit de la Bonheur, près le dolmen de Brioux.

M. de Mortillet, qui a fait une étude particulière du lieu signalé par M. Gassies, y constate un fait analogue à ce qu'avait remarqué M. B. de Perthes, à Abbeville.

« On a d'abord étendu sur la tourbe, dit-il, un lit assez épais de » plantes de marais : sur ces plantes on a étalé des branchages, et c'est » sur ces branchages qu'on a posé les poutrelles. Sur ce plancher en » poutrelles de 10 à 14 centim. environ, reposait une assise de sable et » gravier ayant environ 30 centim. de hauteur. »

(1) Cavernes sur les bords de la Charente, du Clain, de la Vienne, de l'Hérault, de l'Aveyron, du Lot, de la Tardouère, etc., de l'Infernet (Ariége).

Ces faits à-peu-près incontestables d'une période de prédominance d'eaux courantes puis marécageuses dans les vallées actuelles, de l'accumulation souterraine de groupes de silex taillés dans ces mêmes localités, et de la préférence donnée par les premiers habitants aux lieux inondés étant établie, — il en ressort une explication toute naturelle de la question où l'archéologie, l'histoire et la géologie ont paru être dans une contradiction manifeste, et dans laquelle, avec raison, aucune de ces sciences ne voulait céder à l'autre.

Quand la population nouvelle s'établit sur ces eaux tranquilles, ou sur des terrains à peine émergés, tout objet rejeté comme inutile à l'usage, tombe au pied des demeures et s'y enfonce; mais ce long séjour des eaux au-dessus d'anciens terrains de transport, composés de sables et d'argiles désagrégés et remaniés par les courants diluviens, en pénètre d'abord les premières couches, en diminue la compacité, et les rend toutes perméables comme un limon détrempé. On conçoit aisément que les corps étrangers, après avoir traversé l'eau, traversent aussi ces sables et ces argiles presque liquides, et s'y enfoncent, selon la loi de la pesanteur et de la résistance; ou plutôt ils descendent, selon le fait de la plus grande accumulation d'eau pesant sur les transports quaternaires. A tel point qu'il est permis d'établir avec une sorte de précision mathématique, que la profondeur des silex taillés, sous le sol, est en proportion de l'importance du bassin dont la vallée est le réservoir ou le canal d'écoulement. Je citerai deux exemples appartenant à des localités où les faits ont été décrits avec un remarquable soin, et ces observations si nettes feront ressortir une concordance parfaite entre la condition où se rencontrent tous ces produits de l'industrie primitive. Le premier est emprunté à une communication faite par M. l'abbé Bourgeois, en 1863 (*Bull. de la Soc. Géolog.*), sur des silex taillés trouvés à Pontlevoy, dans des transports quaternaires.

Il s'agit ici du bassin d'un simple ruisseau, le ruisseau des Anguilleuses, sur la rive droite duquel les fouilles ont été faites.

« Les couches sont ainsi disposées de haut en bas :

1 Terre végétale.	0m	35c	1m 10c
2 Argile sableuse.	0	45	
3 Même argile avec taches ferrugineuses.	0	10	
4 Assise de galets siliceux.	0	20	
5 Sable argileux.	1	20	

» Les silex travaillés ont été trouvés dans les assises nos 1, 2, 3, 4, » dit M. Bourgeois, et il ajoute, « avec la même forme, la même couleur, » le même degré d'altération, le même cachet de fabrication que ceux » de la surface, de sorte que la contemporanéité paraît bien probable. » Et un peu plus loin : « Parmi ces instruments que nous avons trouvés à » la surface du sol et en place dans le diluvium, il en est qui ont conservé » leur couleur primitive et toute leur fraîcheur, de sorte qu'on les dirait » fabriqués d'hier. »

Cette observation, je puis la confirmer, car M. l'abbé Bourgeois a eu l'extrême obligeance de m'envoyer plusieurs échantillons de ces silex *du diluvium*, et ils sont dans un parfait état de conservation.

Les quatre couches dans lesquelles M. l'abbé Bourgeois a trouvé échelonnés les silex, ont ensemble une puissance de 1 mètre 10 centimètres, dont il faut retrancher les 35 centimètres de terre végétale, couche qui n'appartient pas au transport diluvien, mais au dépôt aquatique et à l'humus produit sous l'influence atmosphérique. Restent donc 75 centimètres d'épaisseur de terrain quaternaire que l'eau a pu facilement détremper, et dans lequel l'amollissement a permis aux silex de descendre. Cette inégalité de hauteur entre eux a dû être causée par le dessèchement du sol qui s'est accompli successivement, et de manière que lors de l'époque la plus rapprochée de nous dans l'existence de l'habitation, les silex ne pouvant plus pénétrer dans un milieu désormais compact, sont restés à la surface. M. l'abbé Bourgeois donne une raison différente de la confusion qui existe par rapport à la place de ces divers silex.

« Comment se fait-il que ces objets soient confondus avec la terre » végétale? La raison en est toute simple : abandonnés à la surface ou » enfouis à une légère profondeur *par les eaux diluviennes*, ils ont dû » se trouver en contact avec les premières couches d'humus qui se for» mèrent après la grande catastrophe; puis le mélange s'est opéré peu » à peu par l'action des instruments aratoires. Pourquoi refuserait-on » d'admettre pour ces débris d'industrie primitive ce que l'on admet » forcément pour les quartz diluviens qui se trouvent également dans le » sol? »

Pourquoi? M. l'abbé Bourgeois fournit la réponse par cet exemple même. On ne peut les assimiler, parce que tous ces quartz sont roulés, et que les silex ouvrés ne le sont pas. Les quartz portent donc le signe diluvien, les silex en portent un contraire. C'est donc par une raison différente que les quartz et les silex sont juxta-posés sous le sol, et pour cette raison, la dénomination de quaternaire que M. l'abbé Bourgeois donne à ces silex, par assimilation avec ces quartz, n'est pas justifiée.

L'autre exemple est tiré des *Antiquités antédiluviennes* de M. Boucher de Perthes; ouvrage qui restera comme un modèle pour cette partie descriptive si curieuse, où l'auteur donne le journal minutieux de toutes les circonstances qui ont accompagné les fouilles qu'il a poursuivies avec tant d'activité, d'intelligence, et un soin si consciencieux.

Il ne s'agit plus ici d'un simple ruisseau. M. Boucher de Perthes, à l'article de la sablière de Menchecourt, cite ce passage du mémoire de M. Ravin sur le bassin d'Amiens (t. I, p. 223) : « C'est dans les en- » droits les plus larges et les plus creux de la vallée de la Somme, là où » les eaux étaient plus profondes et moins agitées, dans les emplacements » qu'occupent aujourd'hui les villes d'Abbeville et d'Amiens, que les » vieux ossements sont accumulés en plus grand nombre : ils ont été » déposés avec les alluvions de cette époque à l'embouchure des affluents » les plus considérables qui se rendaient alors dans ces espèces de lacs, » au confluent de la Celle avec la Somme à celui du Sardou, vers Men- » checourt. »

Aussi, la profondeur du terrain traversé à Menchecourt par les silex est de 8 à 9 mètres; comparée avec celle de Pontlevoy, on voit qu'elle est en proportion de la masse d'eau lacustre qui recouvrait dans les deux localités le terrain quaternaire.

Nous sommes ici en présence d'une localité tout exceptionnelle en apparence; car se trouvent juxta-posés l'un à l'autre, comme soubassement du sol, un banc de craie et, immédiatement auprès, une faille dans le même banc (1).

Les dépôts de transports s'élèvent sur la craie ; ils disparaissent dans la faille; de là l'origine de ces deux milieux : les sablières et les tourbières, dont chacun a une faune si différente. Le voisinage de la mer est entré aussi dans la formation de cet aspect particulier.

« J'ai vu, il y a vingt ans, dit-il, le lit de la Somme, où la veille » naviguaient encore des navires de 60 tonneaux, être comblé en une » nuit, sur un espace de 4 lieues, par une couche non interrompue de

---

(1) Une coupe des terrains à la Portelette montre le terrain diluvien détritique avec ses silex roulés, reposant au fond de la tourbière sur la craie blanche (t. I, p. 188).

» de 4 mètres de sable, apportée par le flux de la mer qui avait fait » irruption dans le fleuve. » (T. I, p. 388.)

» Puis, l'eau et le sable accumulés produisent un mouvement alter-» natif d'affaissement et d'exhaussement dans les tourbières, dont l'un » tend à faire descendre le sol supérieur, et l'autre à remplacer son » niveau au moyen d'un sol incessamment en formation par l'encom-» brement des sables et des détritus ligneux ou herbacés. (*Ibid.*) » Mais au-delà de cette apparence, les formations quaternaires sont ce qu'on les retrouve ailleurs, en Poitou, par exemple, comme je le dirai tout-à-l'heure.

Pour reconnaître une communauté de rapports et d'origine entre ces divers gisements, et montrer le lien qui les réunit, il importe d'abord de constater que les sablières d'Abbeville ont été recouvertes d'une eau tranquille. Cette primitive condition des sablières est justifiée par la composition de leur étage supérieur La couche la plus élevée du 2ᵉ groupe quaternaire est composée de $0^m 50^c$ de limon ; au-dessus, il existe une dernière assise de 2 mètres de limon, et argile légèrement sableuse de terrain moderne qui se termine à l'humus. (Sablière de Menchecourt, coupe de M. Ravin., *ibid.*, p. 235). Donc, des habitations lacustres ont pu s'établir au-dessus de ces sablières, comme dans les autres vallées dont les couches inférieures du terrain recèlent des produits de l'industrie primitive.

Ici, comme à Pontlevoy, les haches se trouvent dans ces couches à différents niveaux. M. B. de Perthes les conserve enveloppées dans leurs gangues variées, afin de reconnaître à leur couleur la couche où elles ont été rencontrées. A la sablière de l'Hôpital, qui est le prolongement de celle de Menchecourt, les silex ouvrés ont été recueillis : les uns à $3^m 50^c$, les autres à $5^m 60^c$ (p. 252), d'autres encore à $1^m 70^c$ de l'humus (p. 366), à $2^m \, ^1/_2$ (p. 35), etc.

« Mais c'est au plus profond de ces bancs », comme il le répète plusieurs fois, « et dans le sable gris-blanc, dit Aigre (diluvium gris), » qu'on trouve le plus d'ossements fossiles et de silex travaillés. Au-» dessous et sur la craie se présente un lit de plus gros silex qui, dans » cette partie du terrain, ne sont que peu ou point roulés. On s'ex-» plique comment le sable et l'argile qui le domine étant en mouvement » par l'effet du torrent, les corps les plus lourds ont été précipités au » fond, et arrêtés seulement par le banc de craie ; c'est donc là aussi » que sont les plus forts ossements et les plus grandes haches. Les con-

2

» teaux, les pointes de flèche, et les os plus petits sont dans les couches » immédiatement au-dessus. » (T. II, p. 124.)

Il est vraiment curieux que les nombreuses sablières des vallées de Clain et de la Vienne aient un tel rapport avec les sablières de la Somme qu'il y ait identité dans leur composition géologique, et aussi dans la répartition entre les couches des silex taillés et des ossements appartenant aux races éteintes.

Voici la coupe générale de ces terrains poitevins :

« 1° Terre végétale ;

» 2° Loess, limon jaunâtre argilo-sableux des cavernes ;

» 3° Diluvium rougeâtre, graviers noyés dans une argile ferrugineuse » avec silex roulés. — A Saint-Benoît, à la Folie, quelques haches, de » nombreuses flèches, peu d'ossements ; nommé sable gras ;

» 4° Diluvium ordinaire, sables quartzeux et calcaires, nombreux blocs » granitiques roulés, débris de roches avoisinantes ; nombreux restes » d'éléphants, rhinocéros, cerfs, haches, casse-têtes antédiluviens parfaitement travaillés, immense quantité de flèches. Le calcaire oolitique lui est partout subordonné.—Puissance de 6 à 8 mètres. »(*Époques antédiluvienne et celtique du Poitou*, TECHNOLOGIE, pp. 61 et 62.)

Ici, comme dans la Somme, plus d'ossements et de silex ouvrés dans le diluvium gris ou inférieur, que dans le diluvium rouge.

Y a-t-il aussi identité entre Pontlevoy et ces deux localités pour la conservation des silex ?

M. B. de Perthes écrit : « J'ai trouvé dans les sépultures celtiques, » et même dans les bancs diluviens, des haches et couteaux dont l'arête » est si vive et la couleur si franche, qu'on les croirait peu anciens, et » pourtant le contraire était prouvé. » (T. I, p. 385.)

Dans un autre endroit :

« On croirait, » dit-il en décrivant le n° 15 des haches diluviennes, » que le torrent l'a saisi dans la main de l'ouvrier, car ses éclats ont » encore toute leur fraîcheur primitive. »

N° 21 de la page 18. « La pointe a dû être très-aiguë, brisée par acci- » dent. Il est à croire qu'elle a été saisie par le torrent, à peu de distance » du lieu où elle a été fabriquée, car elle n'est que légèrement usée par » le frottement, et l'on aperçoit tous les détails de l'œuvre, consistant » dans un grand nombre d'éclats enlevés en tous sens. » (Page 366.)

M. John Flower, l'un des géologues anglais qui ont visité Abbeville, cite au sujet de la question présente, « une particularité qui mérite, » dit-il, plus d'attention qu'on ne lui en a accordé.

» Il est évident que ces silex façonnés existaient à l'état de cailloux » roulés avant d'avoir reçu leur forme présente ; si nous examinons ces » haches avec soin, nous verrons que tandis que leur surface travaillée » est souvent presque aussi nette et offre des arêtes presque aussi tran- » chantes que si elle avait été façonnée la veille, la partie du silex qui a » conservé sa surface naturelle ou qui n'a pas été ouvragée, paraît fati- » guée et avoir été longtemps ballottée par le mouvement violent et inces- » sant d'un globe bouleversé. Les cailloux qui sont en contact avec eux » et qui n'ont pas été faconnés, portent beaucoup plus de traces du » mouvement des eaux ; quelques-uns sont presque ronds, et tous sans » exception ont pris cet aspect particulier d'usure que les longs voyages » donnent aux pierres comme aux hommes. Si le frottement de l'exté- » rieur et la décoloration de l'intérieur étaient dus à la même cause qui » porta les haches au point où elles se trouvent aujourd'hui, il est mani- » feste qu'elles auraient subi un sort commun, et que les bords tran- » chants qu'on leur voit encore auraient été plus émoussés sinon tout-à- » fait oblitérés, et que leur intérieur serait partiellement décoloré. Il » paraîtrait donc que la force qui les a entraînés dans leur position pré- » sente, n'a agi que pendant une courte période ; que la condition ac- » tuelle du banc où on les trouve et avec les silex duquel elles ont été » façonnées, est due à quelque premier cataclysme, et que, dans cette » circonstance, le gravier a seulement changé de place, comme fait dans » la cale le lest d'un vaisseau ballotté par la tempête. » (*Times*, 29 septembre 1859.)

Cette excellente observation du géologue anglais, montre que l'usure que l'on peut remarquer sur certains silex taillés n'approche pas de celle que portent les silex non façonnés, et c'est pour cette raison que je me permettais tout-à-l'heure de dire à M. l'abbé Bourgeois, que peut-être il allait bien vite en donnant aux silex taillés de Pontlevoy le titre de quaternaires, parce que les quartz auxquels ils sont juxtaposés dans le sol sont quaternaires.

Quant aux silex de la Vienne, il paraît qu'il en est de même.

« C'est au milieu de ces silex à angles arrondis par un long frottement, » dit l'auteur, que l'on rencontre quelques cailloux dont les cassures, » nettes, précises, accusent le passage de la main de l'homme. » (Page 63.)

« Le n° 1 représente une hache parfaitement ébauchée ; il n'y a aucune » sorte de frottement. » (Page 66.)

L'auteur s'explique plus nettement au sujet des ossements qu'il a recueillis dans les cavernes : « Leurs cassures, dit-il, sont toutes si intactes, si vives, même dans les parties les plus délicates, les plus aiguës, que l'on ne peut pas admettre qu'ils aient été roulés et charriés dans ces grottes par des eaux torrentielles. » (Page 69.)

Il faut s'arrêter pour déduire toute la conséquence nécessaire de cette intégrité du travail de l'homme sur les silex et les ossements.

Ils sont dans l'intérieur de bancs de transport dont la matière est roulée, réduite en menus fragments informes : différence entre eux tellement évidente, qu'il y a évidence aussi pour une différence entre eux relativement à la durée de leur présence dans le banc, comme l'a pressenti M. Flower.

Si donc les silex bruts et les sables sont les débris d'un courant destructeur ravageant notre globe encore inhabitable, il en ressort que les silex taillés et les ossements sont venus plus tardivement et à une époque de tranquillité qui a laissé subsister le vif du travail humain, c'est-à-dire, que si les bancs sont diluviens, les silex et ossements sont postdiluviens.

Je n'ai pas à m'occuper de la formation de ces sablières ; cependant, on peut dire que même en faisant abstraction des produits de l'industrie primitive, elles paraissent ne pas porter en elles l'indice matériel d'un de ces cataclysmes qui changeaient au loin la configuration du sol aux premiers jours du monde. Ainsi, dans la couche inférieure que l'on a nommée diluvium gris, se trouve une suite de frêles coquilles terrestres restées intactes : l'étage supérieur, dit par certains diluvium rouge, présente des « paquets de craie roulée en fragments amygdalins, et plus bas, un autre lit de craie réduite à des fragments pisiformes, avec coquillages brisés. »

Une observation récente a révélé ce fait inédit et très-instructif que, dans un courant torrentiel, après 230 kilomètres de parcours, tout ce qui est calcaire est anéanti. (*Étude sur les cailloux roulés de la Dordogne*, 1865, par M. Ch. Des Moulins.)

Donc il est à croire que les sablières d'Abbeville n'ont été composées que par une série de transports sans grande puissance, et ne partant peut-être que de sommités peu éloignées, puisqu'elles conservent de la craie.

Et cependant la conservation des haches et ossements comparée aux fragments informes qui sont la matière de ces bancs, annonce que leur présence au milieu de ces fragments se rapporte à une cause moins ancienne et moins violente, puisqu'elles n'ont pas été ballottées comme eux.

Maintenant, je demande pourquoi on n'admettrait pas que dans les sablières, les silex aient été introduits par le haut, comme pour les tourbières, à l'époque où les unes et les autres étaient également immergées. Pour les tourbières, on le reconnaît sans peine, à raison de ce que la masse d'eau y demeure. M. Boucher de Perthes s'exprime ainsi :

« Dans les sondages que j'ai fait faire aux environs d'Abbeville, la pro- » fondeur atteinte est de 4 à 5 mètres au-dessous du niveau de la Somme ; » dans les tourbières, on descend quelquefois de 2 à 3 mètres plus bas. » Mais quant on a atteint la profondeur de 6 à 7 mètres, l'instrument à » tourber ramène encore des ossements de gros quadrupèdes, cerfs, » bœufs, sangliers. Pourquoi les dépouilles de ces animaux, qui n'ha- » bitent que les forêts, se trouvent-elles là ? Comment les couches » intermédiaires contiennent-elles cette quantité d'instruments de fer, » de bronze, de pierre, d'argile, cette série de débris superposés an- » nonçant le long séjour des hommes sur cette terre aujourd'hui » inondée ?

» On peut », se répond-il, « supposer que le sol anciennement habi- » table, ou la surface, était un des lits de sable ou de tuf aujourd'hui » sous la tourbe, ou bien que cette surface était la tourbe elle-même » solide et compacte, qui depuis, imbibée d'eau, s'est dissoute sous de » fréquentes inondations. »

Il était difficile qu'un esprit aussi judicieux et aussi actif que M. Boucher de Perthes, n'ait pas eu d'abord cette pensée d'infiltration ; mais elle ne s'est présentée, à l'égard des sablières, que s'opérant à travers des terrains déjà solidifiés, et, avec raison, il la rejette comme étant une chose impossible à ne pas reconnaître aujourd'hui. « On voit au » premier aspect, dit-il, quand un terrain a été remué, soit par la main » de l'homme, soit par un accident naturel. Les infiltrations de terre » sont surtout visibles dans les couches horizontales, elles les coupent » perpendiculairement ; aussi les ouvriers les nomment *poteaux*. » (Pages 267 et 516.)

Il y a ici un fait qu'il est difficile d'expliquer autrement que par l'infiltration, c'est la présence de silex celtiques dans les bancs diluviens.

M. Boucher de Perthes reconnaît la ressemblance qui existe entre les silex qu'il a voulu séparer en antédiluviens et celtiques : « Nous avons » signalé, dit-il, la ressemblance des haches celtiques et des haches » diluviennes. L'analogie des couteaux de l'une et l'autre époque n'est » pas moins visible. » Et il explique ainsi cette cause de ressemblance :

« Une partie des instruments extraits des sépultures attribuées aux Cel-
» tes ou Gallo-Romains, n'ont probablement pas été fabriqués par eux :
» beaucoup de ces haches et couteaux ne paraissent semblables à ceux
» des bancs diluviens que parce qu'ils en proviennent. Quand les Celtes
» rencontraient de ces instruments, ils les recueillaient avec soin ; il est
» même à croire qu'ils les allaient chercher dans les bancs mêmes, et
» qu'ils n'en confectionnaient que lorsqu'ils n'en trouvaient pas. »
(T. I. p. 400 et 617.)

Mais la question que je pose est toute autre que celle que se fait M. Boucher de Perthes. Il ne s'agit pas de savoir pour quelle raison on trouve des objets dits antédiluviens parmi des sépultures celtiques, mais de s'expliquer l'introduction de silex celtiques dans un banc quaternaire, lorsque l'on admet l'intervalle indéfini d'une révolution géologique entre le dépôt du banc et l'âge où le silex a été travaillé par cette seconde population à laquelle on donne le nom de Celtique.

Or, le fait me semble établi par les observations consignées dans les *Antiquités antédiluviennes*, 1er volume.

A la page 272 : « Une hache polie dans le sable aigre blanc du dilu-
» vium, au fond de la sablière, où elle était avec des os entourée de
» limon. » M. B. de Perthes en conclut « qu'ainsi garantie elle a pu
» errer longtemps sans se détériorer. » La présence du limon devait
» amener une autre présomption ; mais comme M. de Perthes n'était pas
présent lors de l'extraction, il n'y a pas lieu de donner suite à ce fait.

Page 376 : « Hachette plate ayant la figure d'une poire en pierre de
» touche vert pâle, dans la dernière couche de sable noir du banc
» de l'Hôpital, et *elle en porte encore les traces*. Sa face supérieure et
» sa circonférence sont soigneusement *polies*, l'autre face l'est bien
» moins. »

Deuxième volume, page 217 : « Hache en arc ; j'ai dit qu'étant em-
» manchée par le milieu, elle ressemble à cet instrument que les char-
» pentiers appellent *tille*. Quoique portée au chapitre des haches celti-
» tiques, elle appartient au terrain diluvien, dans lequel j'en ai trouvé
» de semblables. »

Page 219 : « Hache longue, étroite, pointue à ses deux extrémités,
» qu'on peut nommer hache à deux pointes. Elle provient des bancs
» diluviens, mais je l'ai presque toujours ramassée sur le sol. Elle était
» destinée à être emmanchée dans une corne de cerf, où sa forme lon-
» gue et étroite la fixait assez solidement. »

Page 376, pl. 17, n° 29 : « Hache à spatule, c'est un type qui s'est » perpétué ; car j'en ai trouvé de semblables dans les gisements celti- » ques de la Portelette et de la Porte Marcadé. » (Pl. 17, n° 14.)

Je ne puis multiplier les citations. Que peut-on voir de plus finement *celtique* que les n°s 4 et 5 de la planche VI, 2e vol. des haches antédiluviennes ; — que les n°s 1, 2, 3, planche XVII, 1er vol. ; 8, 14, 21, planche XVII, 1er vol. ?

J'ose même ajouter, « *cette magnifique hache d'un caractère tout par-* » *ticulier* », pour laquelle M. de Mortillet écrit : « Les éléments de » détermination manquaient pour l'assise argilo-sableuse ; j'ai été assez » heureux pour en découvrir un laissé par l'homme. » (*Revue archéologique*, Juin 1866.)

Cette hache, nommée par lui « ovoïde allongée du lehm de Menche- » court », se montre ici dans nos stations en plein air sur les plateaux depuis la dimension de 30 centimètres jusqu'à 7 à 8 de longueur, ayant ses extrémités parfaitement égales ; les unes sont grossières, les autres très-finement ouvragées.

La présence de silex celtiques dans les bancs diluviens ne se trouve pas seulement dans les sablières de la Somme ; on l'a constaté en Poitou. « Le n° 1 de la planche XXVII représente une hache parfaitement ébau- » chée, *semblable par sa forme et son épaisseur aux haches celtiques pro-* » *prement dites*, mais il n'y a aucune trace de frottement. Trouvée dans le » sable de Buxerolles. » (Page 66. — *Époques antédiluvienne et celtique du Poitou.*)

Or, en présence de ce fait incontestable que des bancs de la période quaternaire contiennent des silex qui n'ont pu être taillés que longtemps après leur dépôt et par une main celtique, il faut de deux choses l'une : qu'il n'y ait aucune raison solide pour distinguer en deux classes les prétendus antédiluviens et les postdiluviens, ou que l'on découvre le moyen par lequel les silex postdiluviens ont pu aller rejoindre les antédiluviens au fond de leurs bancs.

L'explication de cette difficulté me paraît naturelle si, au lieu de la demander uniquement à des agents géologiques sur lesquels les savants discutent encore, on écoutait tout bonnement les premiers récits de l'histoire. L'immensité des eaux étendues sur la terre a laissé un profond souvenir dans la mémoire de tous les peuples ; partout on retrouve la tradition d'un déluge, d'un temps où le genre humain paraît reprendre sa vie en sortant du milieu des eaux. Ces récits héroïques commencent pour nous aux temps appelés *historiques;* mais pourquoi ne remonteraient-ils pas à ces âges inconnus sous le nom d'*antéhistoriques?*

Il est évident que les hommes qui alors ont pénétré les premiers dans les contrées inhabitées de l'Europe, ont eu partout le même spectacle : partout l'eau autour d'eux, et ce n'est que plus tard qu'ils ont réellement pu prendre possession de la terre. La configuration du sol étant définitivement fixée à la suite de la dernière révolution géologique, les basses terres devaient être généralement inondées, mais par une eau à laquelle la fin des cataclysmes avait fait perdre sa force envahissante; les vallées surtout étaient dans un état de profonde submersion; or, par une remarquable coincidence, lorsque les populations humaines parties de l'Asie s'étendent sur la terre, où sont les premiers ouvrages de l'homme? Ils se trouvent toujours dans les vallées, mais enfoncés dans le sol à différentes profondeurs, limon, sable ou argile. Donc, selon toute probabilité, les hommes qui les ont façonnés demeuraient dans ces mêmes vallées, et leurs établissements étaient au-dessus des eaux, puisque le sol était submergé à une grande hauteur.

Et maintenant les silex ouvrés par leurs mains sont dans ce milieu aujourd'hui desséché d'argile et de limon, où nous les trouvons, absolument dans la condition de ceux qui gisent dans la vase amollie des lacs de Suisse ou d'Italie. Si l'enfoncement des poutrelles au fond de l'eau n'eût assuré leur conservation, et si leur direction verticale n'eût servi de témoignage certain pour l'existence d'anciennes demeures au-dessus de l'eau, on pourrait dire, en recueillant les débris qui sont retirés des lacs, qu'ils y ont été jetés par l'irruption d'une eau torrentielle, avec autant de raison que l'on avance un fait semblable de destruction, pour ces mêmes œuvres de l'homme, recueillis dans le limon des cavernes ou des stations en plein air. L'eau qui dort aujourd'hui au-dessus des uns, fait toute la différence entre eux; les uns et les autres ont un jour traversé l'eau et pénétré dans la vase.

J'ajouterai un autre fait à l'appui de cette vérité, que les silex taillés sont en place là où on les trouve, et qu'ils n'y ont pas été traînés et puis ensuite abandonnés; ici ce sont encore les observations faites sur la Somme et la Vezère qui me le fournissent. On ne saurait trop étudier ces remarquables publications, parce qu'on voit que leurs auteurs suivaient la pioche de l'ouvrier de l'œil et de la main, et que c'est là l'unique moyen d'arriver à découvrir la vérité que nous cherchons.

J'ai dit plus haut, pour établir que les silex de la Vezère n'avaient pas été charriés dans un débordement violent, non-seulement qu'ils sont dans un état complet de conservation et de fraîcheur, mais que les foyers particuliers d'industrie étaient restés distincts comme ceux de Laugerie haute et de Laugerie basse.

« Les instruments de silex qui sont les plus communs se montrent en » grande quantité dans toutes les grottes indistinctement, dit M. Lub- » bock, mais il y a des types qui semblent particuliers à certaines. Ainsi, » à Laugerie basse, plaques d'ivoire gravées, flèches barbelées, ustensiles » divers et pièces sculptées en bois de renne ; à Moustier, moins de har- » diesse dans la taille, et les silex plus petits. » M. Lubbock, un des compagnons de M. Lartet, donne des détails curieux à ce sujet, dans un mémoire *sur les hommes des cavernes* (*ibid.* 1864) ; il expose qu'une classification des grottes serait peut-être prématurée, mais que, à en juger par les instruments de silex, Moustier lui paraîtrait la caverne la plus anciennement occupée.

« A Laugerie haute, dit M. Lartet, il y avait une fabrique de ces belles » têtes de lance taillées à petits éclats sur deux faces et à bords légère- » ment ondulés. A Laugerie et à Badegoule, on a trouvé une certaine » quantité de têtes de lance en forme de feuille, presque aussi bien tra- » vaillées que celles de Danemarck. » Ce que je puis confirmer, car j'ai rencontré à Badegoule plusieurs de ces élégants silex en feuille mince et plate ; leur pâte très-fine, en cacholong, leur donne l'apparence d'un silex poli, à première vue. J'y ai recueilli aussi un instrument dont je n'ai vu une forme à-peu-près analogue que sur des défenses de sanglier à Abbeville (T. I, fig. 23 et 24, pl. X.) Ce silex, posé verticalement sur sa base, a l'apparence d'une corne recourbée : la base est à quatre pans, mais de là jusqu'à sa pointe, le silex est triangulaire ; deux faces sont concaves et lisses, comme si elles eussent été produites par l'enlèvemeut d'une seule lame ; le troisième côté est convexe, et son bord extérieur est aminci par une série de petits éclats, comme par une pensée analogue à celle qui fait affiler le côté convexe d'un sabre courbe. Cette élégance de forme et de travail a fait penser à M. Lubbock que Laugerie et Badegoule sont les lieux de la plus récente fabrication.

Or, chose étrange, M. Boucher de Perthes a fait la même observation :

« Je viens de dire que les haches différaient de forme selon les pays : » les haches diluviennes variaient quelquefois d'un banc à un autre, » même limitrophe. C'est ainsi que les haches trouvées dans le diluvium » de l'Hôpital et du Champ-de-Mars ont la plupart la forme d'une

» amande, tandis que celles d'un banc situé à Saint-Riquier, à environ » un myriamètre du premier, affectent presque toutes la figure de lar» mes. Dans un autre banc du même canton, elles ont celle d'un con» combre. (T. II, p. 119.)

» La sablière de Menchecourt en a de ces formes diverses, mais les » haches en amandes y sont plus grandes et plus soigneusement faites » que dans les autres bancs. » (T. II, p. 215.)

Même diversité par rapport à la fabrication des couteaux.

« Ceux du gisement de la porte Marcadé sont mieux faits que ceux de » la Portelette : ils sont d'un silex à pâte plus fine, bleuté; à la Porte» lette, les silex sont de l'espèce la plus commune, à pâte grise ou » noirâtre; pas un seul silex bleuté ou blond, et cependant, entre les » deux gisements, il y a un kilomètre à peine.

» A la porte Saint-Gilles, éloignée d'un autre kilomètre, les couteaux » sont en silex roux-clair, transparent et non veiné; je n'ai pas aperçu » un seul instrument en silex azuré. » Et il ajoute : « Chaque gisement, » soit par la forme, soit par la matière de ses produits, a ainsi son » cachet particulier, qu'avec le temps on parvient à distinguer. » (T. I, p. 382.)

Ainsi, pour les silex de la Somme, comme pour ceux de la Vezère, il y a des ateliers séparés, et chaque atelier a une marque distincte de fabrication; « ce signe particulier est visible pour un explorateur attentif » dans les gisements dits antédiluviens, comme dans ceux qui ont le » nom de celtiques. » La conséquence nécessaire est que les uns et les autres de ces dépôts antiques, quelque nom qu'on leur donne, sont restés dans leur première condition, c'est-à-dire qu'ils sont en place, et qu'aucun n'a été balayé et bouleversé par les eaux. Comment concilier cette conservation intacte du périmètre de chaque industrie avec la force aveugle d'un diluvium entraînant et confondant tout dans ses eaux désordonnées ?

Ce fait si singulier est, il me semble, la pierre de touche du système de M. Boucher de Perthes, qui veut que les haches des sablières aient longtemps roulé avec les sables et les argiles du transport quaternaire. La conséquence logique d'une pareille conservation est que les enceintes n'existaient pas encore lorsque le torrent a passé, et, puisque des circonscriptions de fabrique également limitées se rencontreront à la période dite postdiluvienne, on devrait en conclure que toutes ont la même origine, c'est-à-dire sont postdiluviennes.

Cette séparation d'ateliers ayant un type particulier, n'est pas pour M. Boucher de Perthes une preuve que les haches n'aient pas été entraînées par les eaux du transport diluvien.

« Cette réunion, sur un même point, de pierres taillées d'une façon » spéciale, s'explique par ce que nous voyons dans nos torrents, nos » ruisseaux ou nos champs à la suite d'une inondation : les cailloux, dont » la forme et le poids se resemblent, les galets par exemple, sont par » groupes. Il en est de même dans un crible où sont mêlés des grains de » diverses sortes et plus ou moins gros, le mouvement d'oscillation » suffit pour les séparer par espèces. C'est ici un effet tout physique, » conséquence de l'équilibre et du contre-poids.

» Ensuite, on comprend qu'un courant a pu venir de fort loin et ba- » layer, par son passage, tout ce qu'il atteignait dans une localité. Quand » ce torrent s'est arrêté ou a formé son dépôt, tout ce qui avait la même » origine a pu se trouver réuni. »

Je ne vois pas trop comment on pourrait être satisfait d'une telle explication. « Les cailloux dont la forme et le poids se ressemblent, sont » par groupes, les grains, dans un crible, se séparent par espèces selon » leur grosseur, » c'est-à-dire que galets et grains de même force se rapprochent et forment comme des bancs homogènes.

Mais rien de semblable pour les haches. Elles y sont différentes selon un certain périmètre, mais diverses de dimension et non agglomérées comme des galets : loin de là, elles se présentent isolées, et ce n'est qu'à grands intervalles qu'on les rencontre, çà et là, tantôt dans des sables, d'autres fois avec des silex bruts ou dans des argiles. Il n'y a donc aucune ressemblance, et leur distribution dans les sablières n'a jusqu'ici paru suivre que le hasard. Les séparations par fabrication d'ateliers ne s'expliquent donc pas par le fait des traînées de cailloux que l'on observe dans les cours d'eau. Il n'y a que le fait intelligent de l'homme qui peut en être l'auteur, et au besoin l'exemple des bords de la Vézère complète l'observation commencée à Abbeville.

M. Boucher de Perthes n'a pas également cherché à expliquer la différence de couleur dans la pâte du silex qu'il a remarquée entre plusieurs stations de sa localité. Ici, le torrent devait être pour lui étranger dans cette séparation, car il a écrit, page 383 : « Sans doute à l'épo- » que diluvienne, après le bouleversement de la craie, les silex de » toutes les nuances ont été confondus et amenés dans nos champs, » où l'on en rencontre de toutes ces espèces. » Si donc les haches et couteaux sont séparés par couleurs, tandis que les silex bruts ne le sont pas, c'est qu'il n'y a pas que le diluvium qui ait passé à Abbeville.

CONCLUSION

Le niveau de limon qui, dans la vallée de la Vezère, a été déposé dans les grottes ou sur les pentes, au-dessus du niveau actuel de la rivière, mais toujours bien au-dessous de la ligne supérieure des côteaux qui forment la vallée, atteste : qu'à l'époque de ce dépôt, la configuration de la vallée existant antérieurement n'en a éprouvé aucune atteinte ; que, dès-lors, la période des révolutions géologiques étant terminée, ce surexhaussement des eaux appartient à l'époque actuelle.

Ce limon présente : 1° des restes du mammouth, du renne, et d'autres animaux de races éteintes appartenant à des latitudes septentrionales; ce signe de l'abaissement de température concorde avec la période postglaciaire, autrement post-diluvienne, qui commence l'époque actuelle;

2° Des ossements et silex taillés. L'état de conservation est tel, que non-seulement ces objets ont encore toute la vivacité des arêtes de la taille, mais que l'on distingue des ateliers divers avec un genre de fabrication différente, l'étendue qu'avaient certains de ces ateliers, et aussi l'âge relatif de leur existence par le degré de finesse dans le travail;

3° Des bois de renne, des plaques d'ivoire, avec figures gravées du renne et du mammouth. La netteté des traits de ces images atteste que les hommes qui les ont faites, et les animaux qui sont représentés, vivaient à l'époque où les instruments de pierre étaient assez perfectionnés pour pouvoir tracer de pareilles représentations.

Les instruments de pierre n'ayant été tels qu'à l'époque dite celtique par l'histoire, et postdiluvienne par la géologie, c'est à cette période de temps que se rapporte la fabrication des bords de la Vezère.

Alors la masse d'eau accumulée dans la vallée et sur les basses terres, obligeait les premiers hommes qui vinrent dans la contrée à chercher une demeure dans les grottes, les abris sous roche, puis à se faire des établissements en bois au-dessus des eaux. Les objets rejetés de ces habitations traversaient l'eau en tombant, et s'enfonçaient dans le sol sous-jacent, et cela, selon que les couches de terrain étaient plus ou moins détrempées par l'eau qui les recouvrait.

Ce qui a eu lieu dans la vallée de la Vezère, s'est passé aussi dans un nombre considérable de vallées en France; à cette même époque des groupes d'établissements semblables furent formés dans ces lieux par les premiers habitants du pays, et les produits de leur industrie enfouis dans des couches quaternaires desséchées aujourd'hui, attestent que ces terres étaient alors amollies par le séjour d'abondantes eaux fluviales qui étaient amassées au-dessus d'elles.

Allons au fond de la question : il ne peut y avoir de silex taillés, distincts des silex celtiques, sous ce nom d'antédiluviens, qu'autant qu'il y aurait une industrie de fabrication antédiluvienne distincte aussi de l'industrie purement celtique. M. B. de Perthes, à qui certes on ne refusera pas d'être l'homme de France dont l'œil est le plus exercé en cette matière, a basé cette classification nouvelle qu'il était le premier à introduire, non *sur la forme,* non *sur le travail,* mais principalement sur le *gisement* lequel entraînait une secondaire distinction par *coloration.* Ceci pouvait suffire à l'apparition de l'extraordinaire inconnu que M. B. de Perthes amenait sur la scène; mais, comme il n'y a rien dans les œuvres humaines qui ne porte le signe de la mobilité de l'homme, et d'une éternelle fluctuation entre le progrès et la décadence, on a senti le besoin, pour asseoir une classification, de rester d'accord avec la philosophie de l'histoire, et de chercher quelque caractère qui ne fût pas étranger à l'objet en lui-même.

M. l'abbé Bourgeois l'a tenté. « La science, dans son état actuel, » écrivait-il à M. Milne Edwards en 1864, « n'a que trois moyens pour » reconnaître l'âge des instruments de silex : le gisement, la forme, la » nature du travail. Le gisement n'est pas infaillible, car les instruments » de silex se rencontrent fréquemment à la surface, dans des terrains » remaniés ou des éboulis modernes. Il faut donc recourir aux autres

» caractères. Or, la forme et la nature du travail ne paraissent pas appli-
» cables à certains instruments très-communs, tels que les simples éclats,
» couteaux retaillés sur les bords, les grattoirs, *les têtes de lance*, les
» les marteaux, qui sont à-peu-près les mêmes à toutes les époques. Je
» ne parlerai ici que de ceux connus sous le nom de haches.

» Les haches de la période quaternaire ont trois principaux types :

» 1° Le type *en tête de lance*, commun dans le dépôt de la Somme et
» autres dépôts analogues ;

2° Le type ovalaire, toujours associé au précédent; mais plus rare;

3° Le type subtriangulaire, plus petit, plus mince, et presque tou-
» jours plus finement travaillé. » (Annales des Sc. nat., 1864, p 25.)

Cette détermination, mais réduite seulement à deux types par M. de Mortillet, me paraît absolument la même que celle qui vient d'être présentée par ce zélé investigateur sous les noms suivants : « N° 1, hache
» lancéolée quaternaire. N° 2, hache ovoïde allongée du lehm de Men-
» checourt, comme caractérisant *deux étages de haches, se trouvant dans*
» *deux assises géologiques différentes*, *et appartenant à deux époques*
» *successives, antérieures à l'époque de la hache polie en forme de coin.*»
(Revue Arch. 1866.)

Devant ces exposés scientifiques, je ne puis que faire cette réflexion :

Si le fait d'être *à-peu-près les mêmes à toutes les époques* a privé de la dignité quaternaire les couteaux retaillés, les grattoirs, les têtes de lance, comment cette même considération n'en éloigne-t-elle pas aussi la hache à tête de lance et la hache ovalaire, desquelles on peut aussi dire qu'*elles sont à-peu-près les mêmes à toutes les époques?* car, comme je le déclarais tout-à-l'heure, ces propres types sont identiquement les mêmes que ceux que nous recueillons tous les jours dans nos stations en plein air sur les plateaux du Périgord ; pour les têtes de lance, ces premiers et plus accentués de tous les diluviens, M. Lartet regarde comme leurs similaires les têtes de lance de Moustier (Lubbock, Mém. 1864.), et M. Boucher de Perthes m'écrivait, le 4 mai 1858 :
« Parmi les silex que vous m'avez envoyés, il en est un qui provient du
» diluvium, bien qu'il ait été longtemps sur le sol ; je l'ai reconnu *à la*
» *forme* et *à la couleur*. »

La vérité de fait, ici, c'est que haches lancéolées et ovalaires sont confondues avec tous nos autres silex taillés, et notamment aussi avec ceux qui sont polis ; de ce mélange sur le sol ressort la déduction naturelle que l'âge de la pierre ne peut qu'être une période indivise et continue, et qu'il n'y a pas plus de raison d'en séparer comme témoignage d'une rudesse primordiale les analogues de la Somme, que de reléguer à la fin de cet âge, comme période exclusive de perfectionnement, la pierre qui aurait été polie. Il existe ici un très-grand nombre de ces derniers objets qui, après avoir été fracturés, ont été retravaillés par éclats pour leur donner une forme entière sous une plus petite dimension, et pouvoir ainsi les utiliser comme *haches taillées*. Donc, les deux industries ont coexisté comme contemporaines : l'une n'a pas entièrement remplacé l'autre, et la taille par petits éclats a duré pendant tout le temps de l'âge de pierre.

On dissertera longtemps, longtemps encore, sur l'âge relatif de nos silex taillés ; mais je ne serais pas étonné qu'après avoir voulu faire reculer ce qui est œuvre informe dans la nuit des temps, on n'arrive à l'évolution contraire, qui s'est produite aujourd'hui dans la classification de la numismatique gauloise, et que M. de Saulcy a dernièrement si clairement exposée dans son *Aperçu général sur la numismatique de l'époque celtique.* (Introduction du *Dictionnaire archéologique.*) De la même manière que maintenant les plus belles monnaies, les Philippe d'or, sont considérées comme les plus antiques ; que le bronze et le grossier potin, qui semblaient les premiers essais ne remontent plus qu'au dernier temps de l'autonomie de ce peuple ; ainsi, la hache en jade oriental, ce monument si rare de l'antique émigration asiatique sur notre continent, pourrait briller un jour comme le modèle primordial d'où descendait ce beau type lancéolé, fondement de toute l'industrie de la pierre, et les silex de la Somme ne seraient plus que des produits attardés et de plus en plus défigurés à mesure que les colons étaient réduits à l'impossibilité de continuer leurs rapports avec la mère patrie, et de reproduire le bel art qui s'y perpétuait, mais qui chez eux était tombé en oubli.

Cette explication, en faisant rentrer dans le cercle connu de l'histoire les œuvres retrouvées du travail de l'homme, n'amoindrit pas la grandeur et l'importance de cette curieuse découverte ; seulement, cette société nouvelle ne devrait pas prendre rang au devant de l'histoire, mais dans ces vides effrayants qui s'étendent à l'origine de tous les peuples, à côté de la Genèse particulière des Hébreux. La lumière commence à se faire sur ces civilisations inconnues. Déjà l'Égypte, par suite des fouilles récentes qui s'exécutent sur son sol, ferait remonter le nom de ses princes et la pratique de ses arts jusqu'aux premiers siècles ; ce qui s'accorderait avec ce qui est écrit dans la Bible : que, dès la quatrième génération patriarchale, une filiation humaine, autre que celle de la suite généalogique qu'elle a charge de présenter, a reçu un nom distinct. De ce point de séparation, antérieur de plus de mille ans à Babel, des rameaux sans historiens ont pu diverger sur toute la terre, et nous pouvons retrouver aujourd'hui leurs vestiges.

Cette création de la première page d'histoire, réelle pour nos contrées occidentales, est le fait le plus considérable des travaux historiques modernes, et ce n'est pas un petit honneur pour M. Boucher de Perthes d'avoir été le premier à le révéler, de l'avoir affirmé pendant vingt-cinq ans, longtemps sans succès envers savants et ignorants, et d'avoir ouvert cette voie où tous courent aujourd'hui avec tant d'empressement.

ARTICLE DU MONITEUR

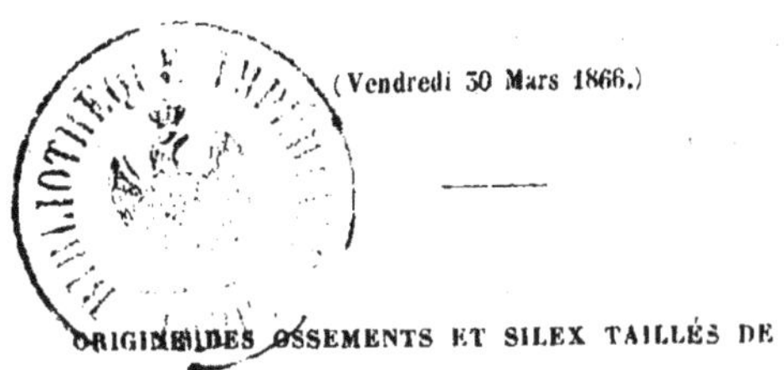

(Vendredi 30 Mars 1866.)

ORIGINE DES OSSEMENTS ET SILEX TAILLÉS DE LANQUAIS.

Lorsqu'on visite les fouilles opérées par les soins de MM. Christy et Lartet, sur les bords de la Vezère, on est surtout frapppé par l'abondance des ossements de grands mammifères et des silex taillés que l'on observe sur certains points. Ils forment parfois des couches de plus d'un mètre d'épaisseur, où les silex et les ossements reposent évidemment à l'endroit même où les animaux dont ont trouve les restes ont été dépecés et mangés.

On constate la présence de débris analogues dans presque tout le Périgord. Longtemps avant les découvertes de MM. Christy et Lartet, M. le comte de Gourgues avait recuilli, aux environs de son château de Lanquais, des silex de la forme dite *racloirs*, qui figurent dans sa précieuse collection d'armes celtiques.

Les côteaux de la commune de Saint-Félix-de-Villadeix offrent en abondance ces mêmes racloirs, des couteaux et des armures de flèche et de lance en silex d'un travail plus ou moins délicat; mais ces silex sont extrêmement disséminés, et nulle part, dans la contrée, on ne les trouve amoncelés comme sur les bords de la Vezère.

Pourquoi de semblables accumulations ?

L'existence d'anciens campements sur ces points ne suffit pas pour expliquer le fait. D'ailleurs, l'étroite langue de terre entre les falaises et la rivière, où reposent les principales accumulations, ne présente pas assez d'espace pour loger une population nombreuse. En outre, si les sauvages de l'âge de pierre avaient consacré des lieux particuliers à leurs festins, on ne concevrait guère qu'ils aient transporté de loin des animaux d'aussi grande taille que le cheval et l'auroch, sur des points qui sont encore aujourd'hui d'un accès difficile.

L'examen de la disposition orographique du sol conduit à une hypothèse d'autant plus admissible, que tout semble aujourd'hui démontrer les rapports les plus intimes entre la manière de vivre des sauvages de l'âge de pierre et les habitudes des sauvages qui existent encore.

On sait que ces derniers emploient souvent des battues pour se procurer le grand gibier dont, par les moyens ordinaires, la chasse serait difficile ou dangereuse. Dans l'Afrique centrale, en particulier, c'est par des battues que les nègres s'emparent des grands antilopes. Ils construisent à cet effet de longues palissades convergeant vers des fosses ou des escarpements profonds où viennent se précipiter les animaux poursuivis.

Les falaises de la Vézère se prêtent merveilleusement à des chasses de cette nature. Elles sont verticales ou en surplomb, s'élèvent à une grande hauteur et terminent des plateaux boisés qui s'étendent au loin vers l'intérieur des terres. Des vallées profondes, creusées par les petits affluents de la Vézère, sillonnent ces plateaux et forment, par leurs pentes abruptes, des barrières naturelles qui devaient diriger du côté des falaises les animaux chassés du centre de la forêt. Il pouvait exister au sommet des falaises des palissades analogues à celles que construisent les sauvages d'Afrique, ou, à travers les broussailles épaisses de la forêt, des voies plus battues conduisant au-dessus des points où sont rassemblés les os et les silex. Mais on comprend que, depuis l'époque reculée où le renne et l'aurochs habitaient nos forêts, les palissades et les sentiers qui auraient existé alors n'aient laissé aucune trace.

En considérant les couches de Laugerie comme le résultat d'un procédé particulier de chasse, la puissance de ces couches n'a plus rien d'étonnant.

On s'explique ainsi l'énorme quantité de débris qui, dans des lieux découverts, ont résisté à l'action du temps et aux causes nombreuses de dispersion qui ont dû se succéder depuis tant de siècles. On comprend qu'au pied des rochers où se faisaient des chasses abondantes, il soit resté des traces de foyers, qu'auprès des lieux où étaient abandonnées des quantités d'ossements et de bois de rennes, on trouve encore les vestiges de fabrication d'armes et d'objets divers en os ou en bois de renne.

Mais toutes ces traces ne prouvent point qu'il y ait eu d'habitation permanente et de nature à donner naissance aux monceaux de silex et d'ossements accumulés sur les bords de la Vézère.

Si ces couches étaient la conséquence d'un campement de sauvages, on ne s'expliquerait pas que dans la contrée environnante, où des débris analogues se rencontrent à chaque instant, les autres campements n'aient point produit les mêmes résultats.

Il est donc probable que les accumulations de Laugerie doivent leur origine à des procédés de chasse pratiqués de nos jours par diverses peuplades, et dont l'usage en Europe était encore fréquent au moyen-âge.

Bordeaux. — Imp. de F. Degréteau et Cie.

www.ingramcontent.com/pod-product-compliance
Ingram Content Group UK Ltd.
Pitfield, Milton Keynes, MK11 3LW, UK
UKHW021532260726
13993UKWH00004B/1956

9 782329 397061